I L❤VE MY RED WAGON

AMO MI VAGÓN ROJO

Halo
PUBLISHING
INTERNATIONAL

ISBN: 978-1-61244-724-7
Library of Congress Control Number: 2019902356

Printed in the United States of America

Published by Halo Publishing International
1100 NW Loop 410
Suite 700 - 176
San Antonio, Texas 78213
1-877-705-9647
www.halopublishing.com
contact@halopublishing.com

In grateful memory of my elementary school principal, Henry Hohn. Providing my red wagon gave me life. For my nephews, Derek and Brantlin: You're always in my heart.

Dedicado con agradecimiento a la memoria del director de mi escuela primaria, Henry Hohn, quien al darme mi vagón rojo me dio la vida. Para mis sobrinos, Derek y Brantlin. Siempre están en mi corazón.

I love my red wagon! It makes school so much fun because it takes me everywhere I need to go. My friends walk all day, but I *roll!*

¡Amo mi vagón rojo! Hace que la escuela sea muy divertida porque me lleva a donde necesito ir. ¡Mis amigos caminan todo el día pero yo ruedo!

When I am in my classroom, my red wagon sits right beside me when I do my work. It can hold my jacket or lunch box and my favorite bear. When I am ready to go, the teacher helps me get on.

Cuando estoy en mi salón de clases, mi vagón rojo permanece junto a mí mientras que hago mi trabajo. Puede sostener mi chaqueta o mi lonchera y mi oso favorito. Cuando estoy lista para irme, la maestra me ayuda a sentarme en mi vagón.

✓ Derek
✓ Brantlin
✓ Alvin
✓ Jude

My friends love my red wagon, too! Taking turns pulling it is their job. They become my best helpers each day. The teacher reminds them not to pull too fast.

¡A mis amigos también les encanta mi vagón rojo! Se turnan para jalarme, es su trabajo. Son mis mejores ayudantes todos los días. La maestra siempre les recuerda que no deben jalarme muy rápido.

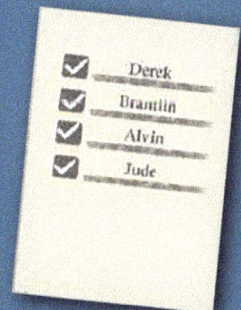

☑ Derek
☑ Bramlin
☑ Alvin
☑ Jude

One friend pulls me to music. My red wagon holds my instrument for me so I can play it. Sometimes my hands need help holding things. Music class is so much fun!

Un amigo me jala hacia la clase de música. Mi vagón rojo sostiene mi instrumento para que yo pueda tocarlo. A veces mis manos necesitan ayuda para sostener las cosas. ¡La clase de música es muy divertida!

One friend pulls me to lunch. The teacher helps me sit at the table. My red wagon waits right beside me while I eat. My friends like to help feed me, too. They are so silly!

Un amigo me jala para ir a almorzar. La maestra me ayuda a sentarme a la mesa. Mi vagón rojo espera junto a mí mientras que como mi almuerzo. A mis amigos también les gusta alimentarme. ¡Son muy bobos!

One friend pulls me to the playground. We like to race down the hill and tag everyone.

Un amigo me lleva hacia el parque de juegos. Nos gusta hacer carreras cuesta abajo y tocarlos a todos.

My favorite thing to do is play on the slide. The teacher pushes me up as high as she can and then lets me go! I go down fast and land in the sandbox. Sliding down fast is so much fun!

Mi actividad favorita es jugar en la resbaladilla. ¡La maestra me empuja tan alto como puede y después me deja ir! Me deslizo rápido y aterrizo en el arenero. ¡Delizarse rápido es muy divertido!

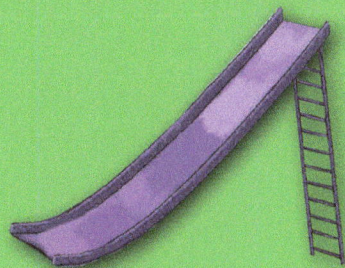

One friend pulls me to art class. We make funny paper masks with bright colors. The teacher puts a string on mine so I can wear it. There are many different ways of doing things.

Un amigo me jala hacia la clase de arte. Hacemos máscaras divertidas con papeles de colores brillantes. La maestra le pone un cordel a la mía para que yo pueda ponérmela. Hay muchas formas distintas de hacer las cosas.

QUIET
PLEASE

One friend pulls me to the library. Together we pick out books to read. My red wagon holds all the books for my friends when we go back to class. It helps me be a better helper, too!

Un amigo me jala hacia la biblioteca. Juntos escogemos libros para leer. Mi vagón rojo sostiene todos los libros de mis amigos cuando regresamos al salón de clases. ¡También me ayuda a ser una mejor ayudante!

One friend pulls me to P.E. We gather the balls and fill my red wagon, piling them up so high. I can carry more than anyone!

Recogemos las pelotas y llenamos mi vagón rojo haciendo una pila muy alta. ¡Puedo llevar más que cualquiera!

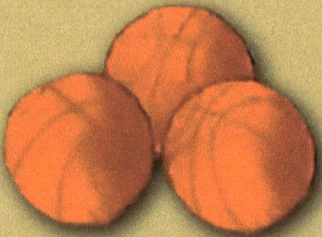

My red wagon helps me do lots of things. I can go down the hill and pick wild flowers.

Mi vagón rojo me ayuda a hacer muchas cosas. Puedo ir cuesta abajo y recoger flores silvestres.

I can move quietly in the library. I can help carry our class snack.

Puedo moverme silenciosamente en la biblioteca. Ayudo a llevar nuestros aperitivos para la clase.

I can be the line leader or the caboose.

Puedo ser la primera en la fila o el último vagón.

I can be the teacher's helper, too.

También puedo ser la ayudante de la maestra.

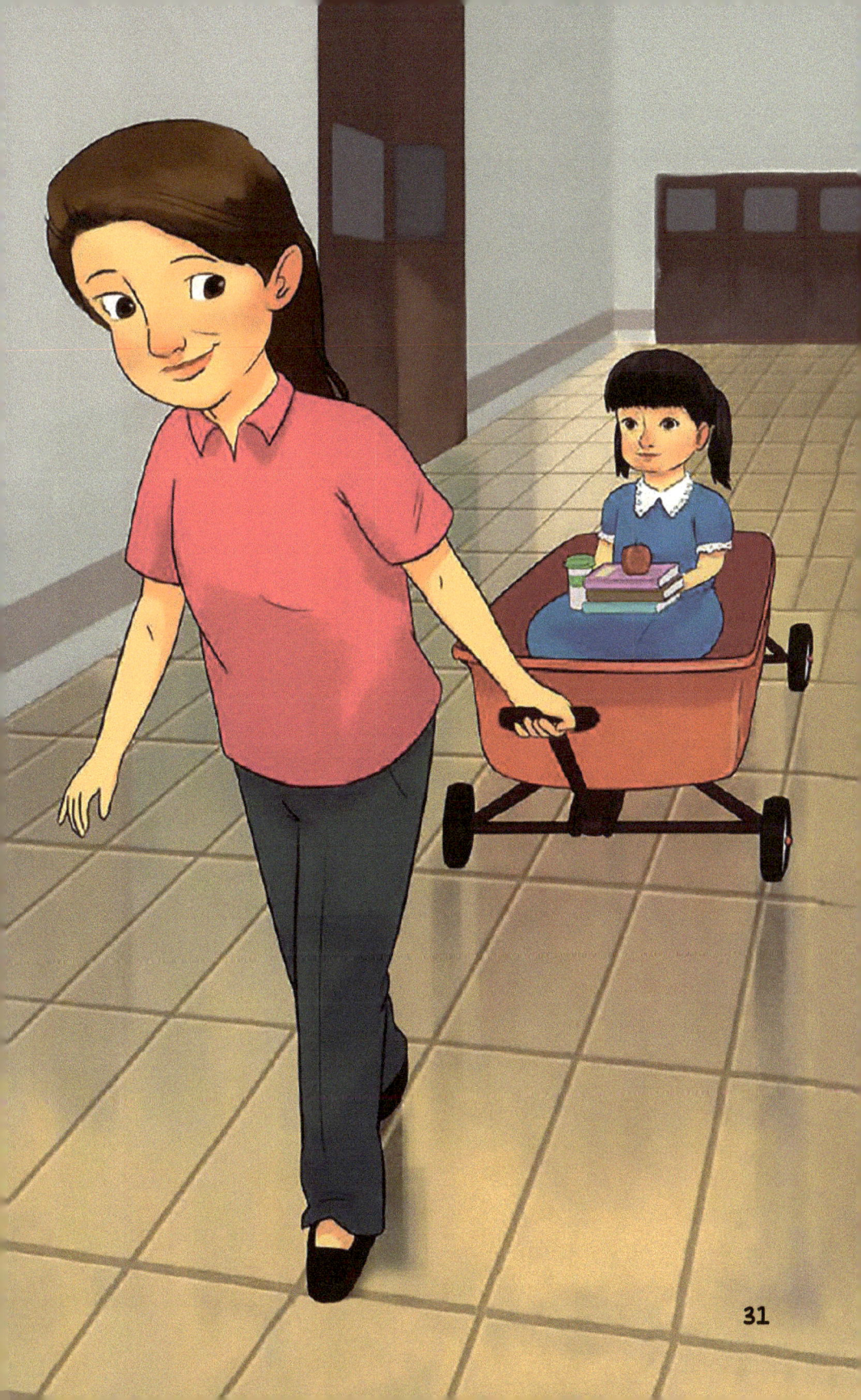

When I grow a little more, I will use my wheelchair. I want to go to school every day because of my red wagon. It helps me do everything my friends can do!

Cuando crezca un poco más, utilizaré mi silla de ruedas. Quiero ir a la escuela todos los días porque tengo mi vagón rojo. ¡Me ayuda a hacer todo lo que mis amigos pueden hacer!

Angel Arredondo was born with a rare condition called arthrogryposis multiplex congenita (AMC). She is a wife and mother. Angel has overcome many obstacles that most people would consider far too difficult considering her limitations.

Angel is an active advocate for disability rights, a keynote speaker, an inclusion model for photoability.net, and a member of an advisory committee for women with disabilities regarding pelvic health and reproduction. Additionally, Angel serves as the 2018 Ms. Wheelchair Texas and the new President and State Coordinator of the organization.

I Love My Red Wagon is her first in a five-book series touching on her experiences as a child living with a disability.

Angel has always worked to be an example of self-acceptance and empowerment for her peers by creating changes in her community and the world. She is working to increase awareness and move public accessibility from a current afterthought to creating inclusive options for everybody.

Angel firmly believes that she and other wheelchair users are fully capable. "We are unlimited. We can do anything and everything. Our wheels just get us there faster."

Angel Arredondo nació con una rara condición llamada Artrogriposis Múltiple Congénita (AMC). Ella es esposa y madre. Angel ha superado muchos obstáculos que la mayoría de las personas podrían considerar como difíciles a causa de sus limitaciones.

Angel es una activa defensora de los derechos de personas con discapacidad, oradora, modelo de inclusión para photoability.net y miembro de un comité asesor para mujeres con discapacidades relacionadas con la salud pélvica y reproducción. Además Angel es la Srita. Silla de Ruedas 2018 del estado de Texas y es la nueva Presidenta y Coordinadora Estatal de la organización.

Amo mi vagón rojo es el primer libro de una serie de cinco, acerca de sus experiencias de como vive una niña pequeña con una discapacidad.

Angel siempre ha trabajado como ejemplo de auto aceptación y empoderamiento para todos, creando cambios en su comunidad y en el mundo. Ella está trabajando en incrementar conciencia y mover la accesibilidad pública creando opciones inclusivas para todos.

Angel cree fielmente al igual que otros usuarios de sillas de ruedas, que son completamente capaces de todo. "Nosotros somos ilimitables. Podemos lograr cualquier cosa. Nuestras ruedas nos hacen llegar más rápido"

www.ingramcontent.com/pod-product-compliance
Lightning Source LLC
LaVergne TN
LVHW010315070426
835509LV00023B/3478